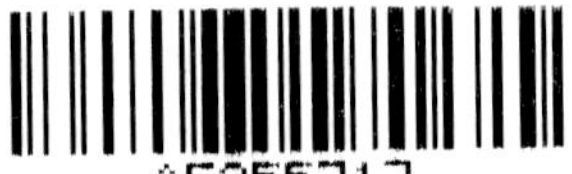
AF255717

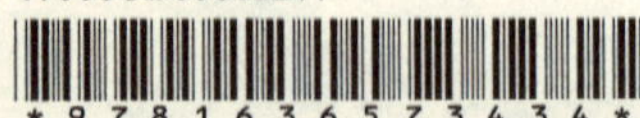